7 平面星大冒險

數感小學
冒險系列

目 錄

這本故事是在說……

你一定還記得鳳凰露露老師常做出一些很誇張的事情，但沒想到，她這次竟然帶大家到外太空了！如果誇張能像辣度一樣被測量，老師一定是「不可思議」的誇張度啦。

乘坐太空船，小哲一行人拜訪了平面星，它是一片扁扁的星，上面的居民也都是扁扁的各種形狀：三角形、正方形、像蜂巢一樣的六邊形。一片片的正多邊形，像被人用色紙剪出來，撒在平面星上。

等等，你沒聽錯，這次的任務是拯救在平面星被關起來的四邊形。仔細一看，除了正方形之外，其他四邊形都被關起來了。為什麼會這樣？趕快翻開來，加入小哲、叮叮、白熊的外星救援吧！

人物介紹

叮叮

丁小美的綽號，就讀春日小學三年級，常在媽媽開的「慢慢等」早餐店幫忙，算術好，行動力強。

鳳凰露露

春日小學新來的宇宙數學社指導老師，她有個特別神祕的大包包，裡頭應有盡有，簡直就像個宇宙黑洞，這是怎麼回事呢？

故事提要

春日小學代表隊終於出爐，好不容易拿到三張星球卡的叮叮、小哲和白熊還是沒得休息，一下子就滑到集訓室準備和其他學校「椅嬌高蝦」。沒想到第一個任務竟然是把集訓室打掃乾淨！到底鳳凰露露老師又有什麼計畫？其他的對手又在哪裡呢？

小哲

蔡維哲的外號，從小跟著爸爸做訂製款的高級自行車，喜歡研究機械構造、組裝模型，更愛動手做。

白熊

熊大為的身材像大熊，是溫暖的男孩，他蒐集了各式各樣的百科全書，立志將來也要寫一套自己的百科全書。

第一章

代表號出發

　　集訓室在一條陰暗的走廊上，裡頭又髒又舊，小哲、叮叮與白熊遲疑了很久，才鼓起勇氣踏進去。

　　黑板上畫滿看不懂的塗鴉；四處是垃圾，地上有厚厚的灰塵，抽屜裡還有放到長霉的饅頭。教室裡，還有股酸酸的霉味。

小哲搖搖頭:「老師要我們來大掃除?」

叮叮戴上頭巾,一手拖把、一手抹布:「小哲,你想拖地,還是擦窗戶?」

「我們是數學社代表隊,為什麼要大掃除?」小哲問白熊:「你難道不生氣?」

白熊接過掃把:「清乾淨,心情好。」

「什麼代表隊，分明就是奴隸隊。」小哲雖然嘴巴這麼唸，還是乖乖爬到窗臺擦窗戶。他先抹溼抹布，再用舊報紙擦，窗戶立刻乾乾淨淨了。

很多事情，與其抱怨，不如動手做。不到一個小時，黑板清好了、桌椅排好擦好了、地板也拖得清潔溜溜。裡裡外外，超級乾淨。

叮叮看看外頭：「老師怎麼還不來？」

「她一定在買好吃的，要來獎勵我們。」小哲看看白熊，他在看書：「放寒假了，你還這麼用功啊？」白熊拍拍那本書《平面星》：「滿好看的。」

「真服了你，打掃完不休息，讀什麼書呢？」

「這本小說好有趣，描述外太空中有一顆平面星球。」

「你ㄋㄧˇ應ㄧㄥ該ㄍㄞ說ㄕㄨㄛ外ㄨㄞˋ太ㄊㄞˋ空ㄎㄨㄥ有ㄧㄡˇ『一ㄧ片ㄆㄧㄢˋ』星ㄒㄧㄥ。」叮ㄉㄧㄥ叮ㄉㄧㄥ糾ㄐㄧㄡ正ㄓㄥˋ他ㄊㄚ：「球ㄑㄧㄡˊ才ㄘㄞˊ能ㄋㄥˊ說ㄕㄨㄛ『顆ㄎㄜ』。」

白ㄅㄞˊ熊ㄒㄩㄥˊ苦ㄎㄨˇ笑ㄒㄧㄠˋ：「是ㄕˋ是ㄕˋ是ㄕˋ，平ㄆㄧㄥˊ面ㄇㄧㄢˋ星ㄒㄧㄥ上ㄕㄤˋ有ㄧㄡˇ各ㄍㄜˋ種ㄓㄨㄥˇ形ㄒㄧㄥˊ狀ㄓㄨㄤˋ，什ㄕㄣˊ麼ㄇㄜ三ㄙㄢ角ㄐㄧㄠˇ形ㄒㄧㄥˊ、正ㄓㄥˋ方ㄈㄤ形ㄒㄧㄥˊ、正ㄓㄥˋ五ㄨˇ邊ㄅㄧㄢ形ㄒㄧㄥˊ。住ㄓㄨˋ在ㄗㄞˋ這ㄓㄜˋ顆ㄎㄜ……。啊ㄚ！不ㄅㄨˋ好ㄏㄠˇ意ㄧˋ思ㄙ，是ㄕˋ住ㄓㄨˋ在ㄗㄞˋ這ㄓㄜˋ片ㄆㄧㄢˋ星ㄒㄧㄥ星ㄒㄧㄥ上ㄕㄤˋ。這ㄓㄜˋ些ㄒㄧㄝ形ㄒㄧㄥˊ狀ㄓㄨㄤˋ只ㄓˇ能ㄋㄥˊ前ㄑㄧㄢˊ後ㄏㄡˋ左ㄗㄨㄛˇ右ㄧㄡˋ的ㄉㄜ移ㄧˊ動ㄉㄨㄥˋ，卻ㄑㄩㄝˋ沒ㄇㄟˊ有ㄧㄡˇ上ㄕㄤˋ下ㄒㄧㄚˋ的ㄉㄜ概ㄍㄞˋ念ㄋㄧㄢˋ。」

「一ㄧ片ㄆㄧㄢˋ只ㄓˇ能ㄋㄥˊ前ㄑㄧㄢˊ後ㄏㄡˋ左ㄗㄨㄛˇ右ㄧㄡˋ移ㄧˊ動ㄉㄨㄥˋ的ㄉㄜ星ㄒㄧㄥ，而ㄦˊ且ㄑㄧㄝˇ是ㄕˋ平ㄆㄧㄥˊ的ㄉㄜ。」叮ㄉㄧㄥ叮ㄉㄧㄥ有ㄧㄡˇ興ㄒㄧㄥ趣ㄑㄩˋ了ㄌㄜ：「感ㄍㄢˇ覺ㄐㄩㄝˊ很ㄏㄣˇ有ㄧㄡˇ趣ㄑㄩˋ。」

白熊笑咪咪的：「這本書的主角是個正方形，他的名字叫正正。有一天，來了一顆球。」

「那應該是一片球吧。」叮叮說。

「不，它真的是一顆圓滾滾的球，舉著正方形去冒險。」

叮叮笑了：「一顆球舉著正方形去旅行，感覺像戴著博士帽。」

小哲有疑問：「球戴著帽子滾不動。」

白熊嘆口氣：「這是故事啊。」

「故事也要有邏輯性啊。」小哲堅持。

線段星

點點星

白熊只好再改口：「那顆球滾著、正正飄著，他們一起去冒險，去了立體星、線段星和點點星。」

「這樣合理多了。」小哲說。

「有邏輯性了。」叮叮說。

立體星

「泥們準備好要出發了嗎？」隨著那話，一陣叮叮咚咚傳進他們耳裡，三個孩子不用抬頭都知道，鳳凰露露老師來了。

她的耳環一碰撞，再遠都聽得到，但是……

「我們要去哪兒？」三個孩子問。

她指著白熊手裡的書說：「泥們不是拿著平面星的旅遊手冊了？」

「旅遊手冊?」三個孩子剛問,他們就發現,四周不一樣了:剛擦好的黑板,好像變成透明玻璃般,朵朵白雲離他們近了。教室兩旁的窗戶也跟著變化,感覺就像坐在一艘教室型的太空船,他們穿越白雲,藍天變成寶藍色,然後是深藍,深藍深處繁星閃耀。

數感百科

平面國, 真有其國

故事裡, 白熊看的《平面星》, 現實生活中, 你可以在書店或圖書館找到一本很相似的書, 書名是《平面國》。

100多年前, 英國中學老師艾波特寫下小說《平面國》, 詳盡描述國度的天氣、建築、人民、歷史。小說跟平面星不太一樣, 平面國男生是正多邊形, 女生是細細的線段。

平面國女生很辛苦, 走在路上要時時提醒他人:「借過～借過～小心不要被我刺到了。」為什麼呢? 你想想, 線段從側面看, 是一條線; 從兩端看, 變成一個點, 很容易就漏看。偏偏線段就像一根針, 看不見的角度最尖銳, 容易刺傷人。

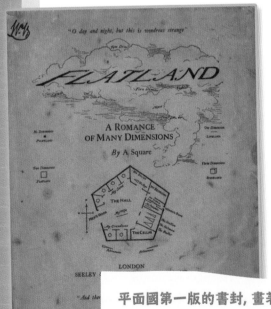

嗚～ 對不起!

平面國第一版的書封, 畫著一間平面國人民的家。《平面國》在西方非常受歡迎, 讚美這本書:「趣味如《小王子》, 浩瀚如《相對論》!」值得找來看看。

平面國還有一群不受重視的男性，他們的模樣是瘦瘦尖尖的三角形，底部的 2 個「底角」一樣大，稱為「等腰三角形」。在平面國，這些等腰三角形上方的「頂角」小於 60 度。這些人的生活貧困辛苦，一輩子努力的目標是讓後代脫離貧窮，變成「正三角形」。

在平面國社會底層努力生活的男性。

只要 3 個角有 2 個角度一樣，就稱為等腰三角形。

一般正三角形男性。

正三角形的 3 個角都是 60 度。

　　平面國有嚴格的階級制度。最底層是剛剛提過的弱勢「等腰三角形」，再來是代表一般國民的正多邊形。正多邊形的小孩比父親多一條邊，像是正四邊形爸爸的孩子就是正五邊形，並且邊數愈多、階級愈高。可是等腰三角形的下一代，邊數不會增加，只會增加頂角 1 度或 2 度，一直到頂角變成 60 度，成為正三角形，才能擺脫底層的身分。

　　其實這是作者巧妙的比喻，社會中最底層、最辛苦的人，需要世世代代辛苦很久，才能擁有一般人的生活。

鳳凰露露的聲音響起：
「春田小學代表隊，
歡迎泥們來到外太空。」

2

第二章

前往平面星

窗戶外是深藍色的星空，無數的星星組成了銀河，而原本的黑板望出去，就像坐在駕駛艙一樣，幾間教室型的太空船也飛過來和他們組合。

「見見你們的隊友，也是競爭對手。」鳳凰露露老師介紹著。

四個嘰嘰喳喳的小女生是新世紀小學代表，一個說話時，另外三個就笑。

培正實小小學只有一個大頭男孩──李子傲，他誰也不理。

求真隊代表是一對雙胞胎兄弟：
曹前和曹後，他們互相吐槽，誰
也不服誰。

鳳凰露露笑了笑：「好囉，窩最愛的四隊都到外太空了，每場任務淘汰一隊，最後留下來的是四季鎮代表隊。」

　　「還要比啊？」新世紀隊的女生尖叫著。

　　「贏了這次比賽，還要再比嗎？」白熊問。

　　「如果這是外太空，我們應該浮起來了。」曹前說：「太空中沒有重力的存在。」

　　「這是太空船，船上有重力裝置。」曹後反駁他。

　　叮叮低聲提醒夥伴：「這是 3D 投影機的效果，很多遊樂區都有這種設備。」

　　她的聲音很小，鳳凰露露卻聽到了：「泥們如果不相信，可以打開門飄到外太空去。」鳳凰露露鼓勵她。

　　小哲跑到門邊，叮叮叫住他：「假如，這是真的呢？」

　　如果這是真的，那他們就會掉到外太空，那裡沒有空氣，溫度也很低……

　　「門沒有鎖，泥們隨時可以出去。現在，窩們先看看前面吧，等泥們看完再決定走不走？」

她說話時，太空船接近一道發亮的線條，接近後才發現那其實不是線條，而是一片發亮的平面。與平面平行會覺得是一條線，飛在它上頭，就會看見那是發出微光的平面星。

　　「好美麗哦、好可愛哦。如果可以住在上面⋯⋯」新世紀隊的小女生同時大叫：「好好哦。」

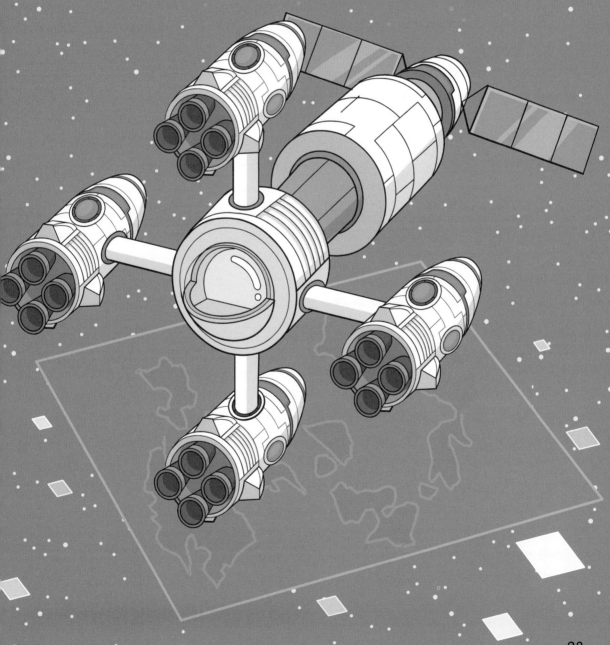

「平面星，太空中最特別的一片星。」鳳凰露露好像對這一切習以為常：「泥們仔細看看，有見到什麼嗎？」

平面星的面積很大，它上頭有無數五顏六色的人。不，不是人，那是一片一片的形狀在移動著。

太空船往下移動後，他們看得更清楚了：各式各樣的形狀，有的移動快、有的慢慢走。有的框住其它小小的形

狀，移動一段距
離後，就把框打
開，讓小小的形狀
們出去。對，它就像
一部公車。

小小的形狀也很忙，它
們移動進入一個個更大的形狀裡
頭，那麼大的形狀就像大樓，而各式各樣的
形狀碰見時相互撞一下，像在打招呼。

「它們看得見我們嗎？」小哲打定主意，回去時一定要抓一個小三角形回家去。

「這是平面星。」李子傲哼了一聲：「他們的世界只有前後左右，沒有上下。」

「就像旅遊手冊說的。」白熊想起來。

「答對了，要好好獎勵一下！」鳳凰露露在白熊額頭快速啄了一下，讓白熊羞得臉都紅了。

鳳凰露露問：「仔細看看，這些形狀有什麼不同？」

各校代表隊趴在螢幕上，認真的分辨著：「有三角形、正方形、五邊形、六邊形、八邊形……」

叮叮看了看：「老師，平面星上好像只有正方形，沒有長方形。」

「這裡的三角形也都是正三角形。」白熊發現。

平面星的小小居民

叮叮和白熊發現了平面星的另外一個祕密：這裡沒有長方形，只有正方形；三角形還是正三角形！不過你知道正方形和正三角形的「正」，代表什麼意思嗎？試著在圖上找出線索，這可是解答平面星最大謎團的關鍵喔！

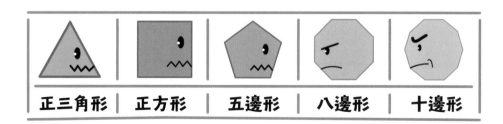

| 正三角形 | 正方形 | 五邊形 | 八邊形 | 十邊形 |

「正三角形跟正方形有什麼共同的特點?」白熊問。

小哲觀察後說:「每條邊的邊長都一樣。」

「每個角度也都一樣。」叮叮補充說。

小哲笑她:「邊長一樣,角度就一定一樣啊。」

曹前反對:「菱形也是四邊一樣長。」

曹後補充:「4個角度卻不一樣。」

小哲問:「那菱形到底長什麼樣子呢?」

「就像……那個……」曹前、曹後想找個菱形給他看,找了很久卻找不到。

正方形和正三角形的「正」是……

**拿起尺和量角器,量量這兩張正三角形和正方形的圖,
證明看看小哲和叮叮他們說得對還是錯?**

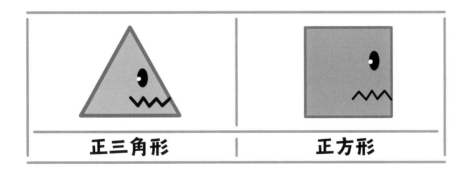

| 正三角形 | 正方形 |

正三角形的三個邊是不是一樣長?
正方形的四個邊是不是一樣長?

正三角形的三個角度是不是一樣大?
正方形的四個角度是不是一樣大?

新世紀小學的四個小女生嘻嘻哈哈的說：「那裡好好玩哦。」

　　她們說的地方移過來一個正方形，一群正三角形急忙讓開；但是正方形往前碰到正五邊形時，那個正方形也乖乖移到旁邊；更好玩的是，當八邊形往這邊移動時，大部分的形狀都自動讓開位置。用人的話來講，叮叮覺得這些形狀都畢躬畢敬的，除了一個形狀在動，她數了數……

　　「十邊形，只有十邊形在動。」白熊判斷：「平面星上形狀邊數愈多，地位就愈高。」

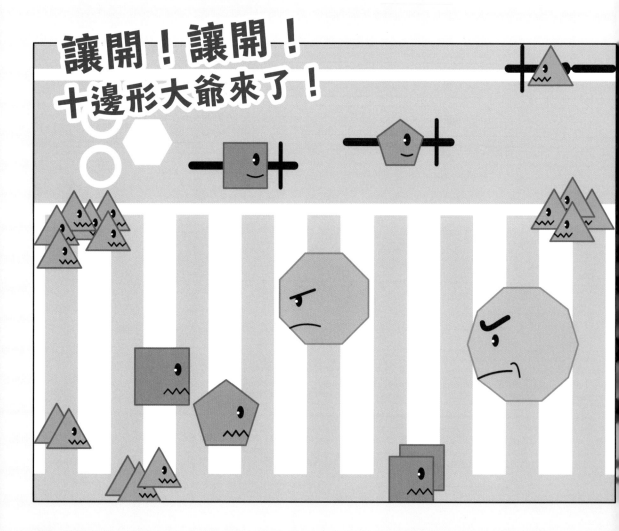

讓開！讓開！
十邊形大爺來了！

　　叮ㄉ一ㄥ叮ㄉ一ㄥ找ㄓㄠ找ㄓㄠ其ㄑ一ˊ它ㄊㄚ的ㄉㄜ˙形ㄒ一ㄥˊ狀ㄓㄨㄤˋ，問ㄨㄣˋ：「平ㄆ一ㄥˊ面ㄇ一ㄢˋ星ㄒ一ㄥ上ㄕㄤˋ最ㄗㄨㄟˋ了ㄌ一ㄠˇ不ㄅㄨˋ起ㄑ一ˇ，地ㄉ一ˋ位ㄨㄟˋ最ㄗㄨㄟˋ高ㄍㄠ的ㄉㄜ˙是ㄕˋ誰ㄕㄟˊ？」

　　鳳ㄈㄥˋ凰ㄏㄨㄤˊ露ㄌㄨˋ露ㄌㄨˋ指ㄓˇ著ㄓㄜ˙另ㄌ一ㄥˋ一一頭ㄊㄡˊ，數ㄕㄨˇ不ㄅㄨˋ清ㄑ一ㄥ的ㄉㄜ˙正ㄓㄥˋ三ㄙㄢ角ㄐ一ㄠˇ形ㄒ一ㄥˊ圍ㄨㄟˊ繞ㄖㄠˋ一一個ㄍㄜ˙圓ㄩㄢˊ形ㄒ一ㄥˊ。圓ㄩㄢˊ形ㄒ一ㄥˊ旋ㄒㄩㄢˊ轉ㄓㄨㄢˇ著ㄓㄜ˙，四ㄙˋ周ㄓㄡ的ㄉㄜ˙形ㄒ一ㄥˊ狀ㄓㄨㄤˋ都ㄉㄡ趕ㄍㄢˇ緊ㄐ一ㄣˇ讓ㄖㄤˋ出ㄔㄨ路ㄌㄨˋ來ㄌㄞˊ。

　　「那ㄋㄚˋ個ㄍㄜ˙圓ㄩㄢˊ形ㄒ一ㄥˊ就ㄐ一ㄡˋ像ㄒ一ㄤˋ國ㄍㄨㄛˊ王ㄨㄤˊ出ㄔㄨ巡ㄒㄩㄣˊ。」小ㄒ一ㄠˇ哲ㄓㄜˊ覺ㄐㄩㄝˊ得ㄉㄜ˙很ㄏㄣˇ好ㄏㄠˇ奇ㄑ一ˊ：「沒ㄇㄟˊ有ㄧㄡˇ角ㄐ一ㄠˇ啊ㄚ˙！」

　　鳳ㄈㄥˋ凰ㄏㄨㄤˊ露ㄌㄨˋ露ㄌㄨˋ的ㄉㄜ˙手ㄕㄡˇ在ㄗㄞˋ駕ㄐ一ㄚˋ駛ㄕˇ艙ㄘㄤ上ㄕㄤˋ按ㄢˋ了ㄌㄜ˙按ㄢˋ，原ㄩㄢˊ來ㄌㄞˊ的ㄉㄜ˙螢一ㄥˊ幕ㄇㄨˋ放ㄈㄤˋ大ㄉㄚˋ了ㄌㄜ˙好ㄏㄠˇ多ㄉㄨㄛ倍ㄅㄟˋ，看ㄎㄢˋ起ㄑ一ˇ來ㄌㄞˊ像ㄒ一ㄤˋ圓ㄩㄢˊ形ㄒ一ㄥˊ的ㄉㄜ˙國ㄍㄨㄛˊ王ㄨㄤˊ，其ㄑ一ˊ實ㄕˊ是ㄕˋ一一個ㄍㄜ˙很ㄏㄣˇ多ㄉㄨㄛ很ㄏㄣˇ多ㄉㄨㄛ邊ㄅ一ㄢ的ㄉㄜ˙「正ㄓㄥˋ不ㄅㄨˋ可ㄎㄜˇ思ㄙ議一ˋ多ㄉㄨㄛ邊ㄅ一ㄢ形ㄒ一ㄥˊ」！

　　小ㄒ一ㄠˇ哲ㄓㄜˊ開ㄎㄞ心ㄒ一ㄣ的ㄉㄜ˙說ㄕㄨㄛ：「原ㄩㄢˊ來ㄌㄞˊ多ㄉㄨㄛ邊ㄅ一ㄢ形ㄒ一ㄥˊ的ㄉㄜ˙邊ㄅ一ㄢ數ㄕㄨˋ多ㄉㄨㄛ到ㄉㄠˋ最ㄗㄨㄟˋ後ㄏㄡˋ，就ㄐ一ㄡˋ會ㄏㄨㄟˋ好ㄏㄠˇ像ㄒ一ㄤˋ圓ㄩㄢˊ形ㄒ一ㄥˊ了ㄌㄜ˙。」

「太棒了，我也要給你獎勵一個。」鳳凰露露嘟起鮮紅的嘴唇，小哲嚇得大叫一聲，太空船震了一下；鳳凰露露宣布：「好囉，窩們準備進入平面星囉。」

「外面不是沒有空氣嗎？」

「要不要穿太空衣呀？」

「太空船要降落哪裡呢？」

小朋友的疑問一大堆，鳳凰露露卻打開門，拉著他們跳進平面星。

歡迎來到平面星～

一進平面星，那裡只有一條條的直線，見不到其它的形狀。

「你們在哪裡呀？」叮叮喊著。

一道線叮咚響著朝她而來，是鳳凰露露老師，旁邊跟了幾條線：「叮叮，窩們都在這兒。」

奇怪的是，找不到小哲，卻見到一條線在罵另一條線。

「下對上要讓路，你只是個地位低下的正三，還不閃開。」

「我……我哪知道呀。」是小哲的聲音。

「不知道，去罰站。」那線條說完，移過鳳凰露露身邊時，輕輕碰了碰她，突然嚇得退到一旁：「大王好，大王早。」

鳳凰露露笑了笑：「你好啊，正五邊形。」

正五邊形經過他們身邊時，摸摸叮叮和白熊：「我們都是正五，就不客套了。」

他快移開時，又碰了另一道線條：「正方形？讓開！」

「你不過是個正五邊形，有什麼好得意的。」那是李子傲的聲音。

「我當然得意，我是正五，你只是小四，差一階。」

正五高傲的飄走了，留下氣呼呼的李子傲：「為什麼我只是正方形？」

「你別氣了，我才小三。」小哲聲音充滿委屈。

望著他的背影，叮叮問：「老師，剛才怎麼回事啊？」

鳳凰露露老師把小哲和李子傲拉過去：「從平面的視角來看，平面星上的形狀都是一條直線！」

白熊問：「小哲是正三角形，我和叮叮是正五邊形，老師您是……」

「不可思議的圓形。」鳳凰露露開心的說。

小哲一聽就抗議了：「太不公平了，為什麼我只是贏過兩邊形的正三。」

「可惜，沒有兩邊形。」曹前、曹後笑他：「你在這裡就是最小的，小三。」

平面星人看起來是一條線？！

奇怪，平面星明明就有各種形狀，為什麼看起來會是一條線呢？因為平面星只有前後左右，無法像我們在立體的空間裡，看得到上和下。你可以在一張紙上畫出各種平面星人並剪下，把他們與眼睛平視，是不是所有的形狀都是一條線呢？

不管是小三、小五、還是不可思議的圓形，在平面星上看起來都是一條線。

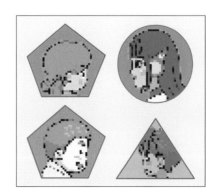

「什麼小三？你們也只是小五。」

「就算是小五，也比你多兩條邊啊。」

曹前、曹後好開心，白熊拍拍他們：「我也是正五，你們別欺負我朋友。」

他的話一說，李子傲又生氣：「我也差你一個角，太不公平了。」

叮叮急忙轉開話題，問老師：「在平面星上，大家看起來都像一條線，怎麼分辨誰大誰小？」

「用摸的啊。」鳳凰露露的聲音有著笑意。

小哲有三個尖尖的角，叮叮的角度比較鈍，鳳凰露露的圓根本沒有角。

「愈多邊的形狀，角度會愈鈍。」

叮叮說完，有四條線急忙湊在一起，嘰哩呱啦聊著。小哲判斷，那是新世紀隊的四個女生。

她們討論完，派出一個問：「如果遇到邊數差不多的形狀怎麼摸呢？像正十七邊形和正十八邊形，它們的角度應該差不多吧？」

她一說完，幾個女生又笑了起來。

鳳凰露露說：「平面星人，一出生就要學習摸『度』，旅遊手冊上都有寫啊。」

「唉呀，忘了看。」幾個小女生吃吃的笑了：「手冊的字太多了。」

「好無聊，讀不下去。」

白熊的聲音響起來：「我記得，正三角形的三個內角加起來 180 度，180 度 ÷ 3 = 60 度，每個角 60 度；正方形是 360 度，360 度 ÷ 4 = 90 度，每個角 90 度。」

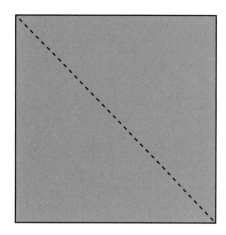

$$180 \times 2 \div 4 = 90$$

　　「那我呢？正五邊形怎麼算？」

　　剛才那個正五邊形移過來，神氣的說：「真不知道你們的數學怎麼讀的？一個正方形可以切成幾個三角形？」

　　「2 個啊。」小哲說。

　　「每一個三角形都是 180 度。」

　　「我懂了，所以是 180 乘 2 再除 4。」小哲算了算：「90 度。」

　　那個五邊形發出一聲不屑：「你現在才懂。」

　　小哲馬上想到：「那正五邊形可以切成 3 個三角形，那每一個角就是 180 × 3 ÷ 5 = 108 度。」

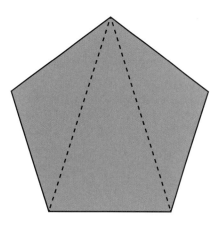

$$180 \times 3 \div 5 = 108$$

　　「馬馬虎虎。」正五邊形臨走不忘補充：「以後，每多一條邊，內角加起來的總度數就多 180 度。」

點、線、面、立體的世界

　　艾波特老師在《平面國》中教數學，也教我們關心社會：用等腰三角形告訴我們弱勢族群的辛苦，用線段譬喻當時的女性不被重視。他還教我們想像力有多重要，問我們能不能接受「聽起來不可能」的觀念。你認為自己可以嗎？

　　《平面國》主角是一片正方形，他只知道前、後、左、右等四個方向，完全沒有上、下的概念。某天，一顆球體從立體世界來到平面國，他告訴正方形：「還有『上、下』這2個方向喔。」

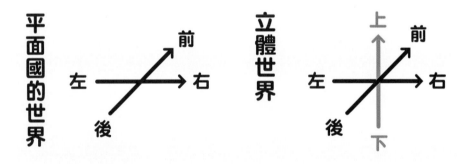

　　球體為了證明自己是對的，不但說出了遠方正發生的事情，也能看見鎖起來的櫃子裡面是什麼。球體都答對了，但正方形依然不相信，他覺得球體只是個會變魔術的大騙子！球體怎麼做到的呢？

我們來想想看，你站在書桌前，由上往下俯視，桌上每一個東西都能看清楚：有一塊橡皮擦，一枝筆，還有一個鉛筆盒。你蹲低到跟桌面一樣高，如果鉛筆盒剛好擋在你跟橡皮擦之間，是不是就看不到橡皮擦了。

由上往下看桌上的文具

蹲低平視桌上的文具

　　如果用筆圍住橡皮擦，再蹲得跟桌面一樣高，用平面國國民的視角來看，不管怎麼換位子，都看不到橡皮擦。換句話說，就像是平面國的櫃子只要圍住前後左右四個方向就好了。但立體世界的球體「由上往下」看，不只橡皮擦，整張桌子都能看到！

　　你是不是覺得「正方形真沒想像力，這點道理都不懂」？假如有人跟你說：「我現在看見紐約街道、南極冰川，還有你書包放了國語課本。」你覺得他是瘋子，還是相信他來自一個更多「方向」的世界？

多邊形的內角和

故事裡白熊說過三角形的內角和是180度，你覺得任何一個四邊形的內角和也都是一個固定的度數嗎？那五邊形或六邊形呢？如果是的話，又是幾度呢？

?度

?度

用三角形來分解多邊形吧！

隨便畫一個四邊形，你可以把它切成 2 個三角形，1 個三角形的內角和是 180 度，2 個加起來就是 180×2 = 360 度。也就是說，四邊形的內角和是 360 度。

四邊形能切出 2 個三角形，五邊形能切出 3 個，六邊形能切出幾個三角形呢？用畫的，你知道是 4 個。繼續畫，七邊形切出 5 個三角形，八邊形切出 6 個三角形……好像存在一個規律？停下來想想看，十邊形，你能不畫就知道可以切出幾個三角形嗎？十二邊形呢？

答案是 8 跟 10 個三角形。你很厲害，已經具備了數學家發現規律的能力喔！

知道一個多邊形，能切成「比邊數少2」個三角形後，我們進一步思考，為什麼會這樣呢？看看這些三角形、四邊形、五邊形，你會發現每多一條邊，剛好就是多貼上1個三角形。原來形狀與三角形相貼的1條邊消失，三角形則提供了新的2條邊。邊數「減1」再「加2」，剛好多1條邊。難怪四邊形切出2個三角形，五邊形切出3個三角形，六邊形切出4個三角形……

不管怎麼切：「邊數－切出來的三角形數目＝2」

數學家推理到這邊鬆了一口氣，不用每次看到一個新多邊形，都要動手切切看，可以很快的直接算出：

$$內角和 = 180 × （邊數 - 2）$$

不僅知道規律，還能知道為什麼會有規律，才算是真正了解喔！

正多邊形的兩大特質

　　既然正多邊形的每個角度一樣大，正方形的內角和是 180×（4－2）＝ 360 度，每個角度都是 360÷4 ＝ 90 度。正五邊形的內角和是 180×（5－2）＝ 540 度，每個角度是 540÷6 ＝ 108 度。只要依照這樣的規律，你就可以計算出任何一種正多邊形的角度。

你能算出正十二邊形的角度嗎？
正 12 邊形內角和是（12－2）×180 度＝ 1800 度。
每一個角的角度是（12－2）×180÷12 ＝ 150 度。

　　回來看看，正多邊形有兩個重要特質：

1. 邊長一樣長　　2. 角度一樣大

　　如果只要滿足其中一個特質，另一個就成立，數學家一定會偷懶的只說一個就好。比方說，描述正三角形的長度，只要講「邊長是 1」或「周長是 3」就夠了，不需要說「邊長是 1 和周長是 3」。因為當正三角形的邊長是 1，周長一定是 1＋1＋1 ＝ 3。

故事裡小哲跟叮叮在爭論：有沒有可能四邊形邊長一樣，但角度不一樣呢？你可以用牙籤做一個四邊形，實驗看看。牙籤一樣長，表示邊長一樣，但角度是否可以變來變去呢？

角度可以變來變去，對吧！

除了直接思考，另一個快速有效的方法是尋找反例，只要找到一個不符合規則的例子（例如：邊長一樣長，卻不是正多邊形）。不需要嚴謹的證明，你就能知道這個道理有問題啦。這麼一想，你很快會想起「邊長相同」的菱形與「角度相同」的長方形，它們都不是正方形。

這些都不是正方形！

四邊邊長一樣的菱形　　**四個角角度都是 90 度的長方形**

用不同方法，我們得到了同樣的結論：正多邊形要同時具備邊長與角度相等；不會說滿足了一個，另一個就自動成立。

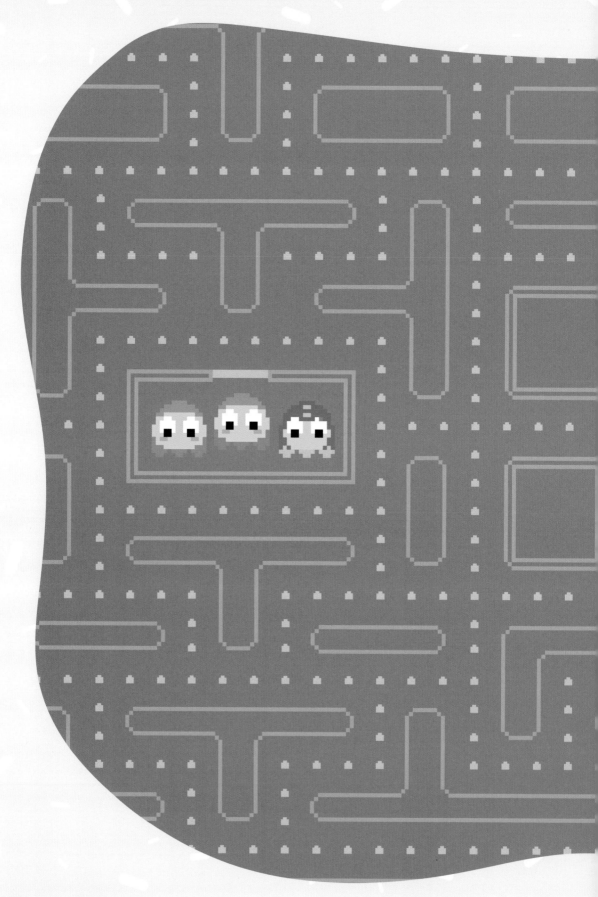

3

第三章

拯救形狀大作戰

回到太空船，鳳凰露露在螢幕上放大平面星的右下角。那是一個特別大的框，框住好多形狀。仔細看看，這些形狀和平面星多數的形狀不太一樣。

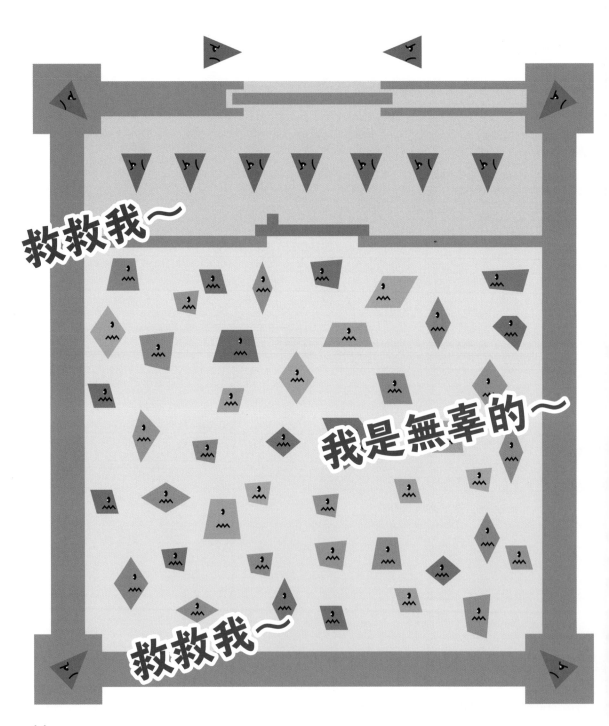

44

「4條邊一樣長，但是角度不一樣，那是菱形！」曹前、曹後激動的說：「那真的是菱形。」

「但是，它好像被困住了。」小哲看那個菱形和其它的形狀都在撞框。

鳳凰露露在螢幕上點了點，那個角落的聲音傳了進來：

「放了我們。」

「我們沒有犯罪啊。」

「平面星上，到底有沒有法律呀？」

孩子們不解：「這……這到底怎麼回事呢？」

「平面星上的法律只保障正多邊形，他們這種邊與角度不同的多邊形，大家沒辦法用摸的摸出來，這會造成其他形狀困擾，所以就把他們關起來。」

叮叮氣憤的說：「歧視，這是一種歧視。」

鳳凰露露安撫她：「這次的任務，就是要泥們救出他們。」

「沒問題。」

「我們要幫他們。」

鳳凰露露的話，激起孩子們的正義感。李子傲很在意：「既然是任務，怎麼比呢？」

　　「窩宣布：泥們現在是四邊形星的創始者，負責規劃可供四邊形居住的新城市。設計有時間限制，要是時間到時，還沒完成的隊伍將被淘汰。」她說完，看看大家：「如果沒有問題，那就開始吧。」

　　新世紀隊的四個小女生驚叫聲連連：「好可愛哦！小小的四邊形好卡哇伊，我好愛他們。」

　　叮叮搖搖頭：「她們要分配到什麼時候啊？」

太空船裡升起四組螢幕，就像個小型的平面星，上頭都有許多種四邊形：四邊形、梯形、正方形、平行四邊形、菱形、長方形。

另一邊，曹前、曹後在吵架，曹前想把有直角的四邊形放一邊，沒直角的放另一邊；曹後反對，他覺得應該用邊長做判斷依據比較好。他們討論的聲音很大，一個規劃好，另一個就把他的規劃推翻。

李子傲低著頭喃喃自語，他先試一種分法，又改試另一種分法。不到五分鐘，他已經試過四、五種分法，每一種感覺都對，卻也感覺都不對。

小哲看大家都在忙，他也急：「我們要怎麼分呢？」

曹前的話讓叮叮有個想法：「我們來做一棟樓，每一層住不同的形狀，但大家還是能互相見面。」

「別忘了，平面星沒有上下。」小哲提醒大家。

「如果是這樣呢？」白熊畫了一個大方格，在大方格中間又畫出不同格子，最後把正方形放在最中間：「它的條件最嚴格，應該擺中間。」

「那還是像監獄。」叮叮不滿。

白熊在方框中畫出一條通道：「它可以從這裡移動。」

新的四邊形星，最中間住著正方形，往外分別是菱形、長方形、平行四邊形、梯形和四邊形。

「愈裡面的形狀，有愈高的權利，它們可以任意去其它區。」白熊說完，果然中間的正方形搖搖擺擺去其他區，其它的四邊形卻進不去它的區。

「好好玩哦。」叮叮喊時，四組螢幕也同時閃了閃，時間到。

四邊形

梯形

平形四邊形

菱形

正方形

長方形

49

李子傲畫的是個正方形的城市，和叮叮他們的方格很像，也是一層套一層，每一層都有每一層的條件。

曹前、曹後的規劃很簡單，兄弟一人分一邊，各自管各自的城市。但是城市之間有幾條通道，可以彼此往來，卻又不會互相吵架。

「我們是在吵架裡，尋求最大的共識。」曹前說。

「真理愈辯愈明，吵架也是辯論的一種方式。」曹後立刻補充。

「泥們雖然很吵，但是我喜歡。」鳳凰露露看看新世紀隊的四個小女生：「泥們……」

「我們快好了。」她們在透明螢幕上畫出各式各樣可愛的框，像在玩扮家家酒。

「小公園還沒弄好，還有一個形狀百貨公司。」

她們直到被淘汰時，還是很開心的塗塗畫畫：「我們下回還可以再來嗎？」

「Bye-bye，孩子們。」鳳凰露露說。

「Bye-bye。」所有的孩子朝她們揮揮手。

新世紀小隊站在窗前，開心的跟大家再見，簡直像來戶外教學一樣。

鳳凰露露

看看大家：「恭喜泥們，窩希望泥們下回表現能更好。」

組合起來的教室太空船開始脫離，返回地球。窗外的顏色由深又漸漸變淺，穿過雲，回到地面。

數學代表隊集訓室的門打開了。小哲探頭出去，外頭還是早上來的學校校園，他問：「我們真的去過外太空？」

叮叮不太相信：「那一定是3D投影機的效果。別管了，我媽今晚試新菜，你們也一起來吧。」

「那快走。」小哲催著，三個孩子一陣歡呼跑出走廊，他們沒回頭，不然就會見到集訓室的窗戶閃了一下，像是誰在眨眼呢。

沒想到第一次校際比賽就上太空，老師說的下回挑戰到底還能去哪裡？先別急著看下一集，後面還有更多有關平面星的數學知識喔！

數感百科

凹與凸多邊形

　　故事中，小哲一行人拯救了很多不是正方形的四邊形，建立起四邊形國。仔細想想，既然不是所有四邊形都是正方形；五邊形、六邊形也有很多不是「正」的形狀，無法在平面國生存。這些形狀和正多邊形的第一個差別是：他們的每個角度大小不同。正多邊形的所有角度都必須一模一樣。

　　回顧平面國底層的等腰三角形，他們努力讓頂角變成 60 度，因為這是正三角形的角度。為什麼？首先，任何一個三角形的內角和都是 180 度；既然正三角形的每個角度都一樣，我們就能直接算出每個角度：180 度 ÷ 3 = 60 度。

隨意畫一個三角形，把三個角撕下來，是不是剛好可以排在一條直線上。

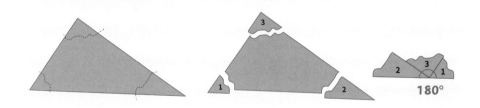

再多討論一點角度的知識，小於 90 度的稱為銳角，超過 90 度的角稱為鈍角。再挑戰看看想像力，你覺得有角度超過 180 度的多邊形嗎？

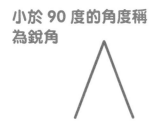

小於 90 度的角度稱為銳角

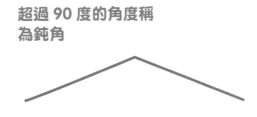

超過 90 度的角度稱為鈍角

答案是「有」。比方說下圖的形狀有 5 條邊，但跟平常看到的五邊形不一樣，它是凹進去的**「凹多邊形」**。現在來看看，比起光說「有一部分凹進去」，這句「至少有 1 個角度大於 180 度」是不是把下方的形狀描述得更清楚呢？數學就是為了幫助我們把事情說得更精準。

不只如此，數學允許我們發揮創意，用不同方法描述同一件事。例如，

凹進去的五邊形

我們也能這樣描述凹多邊形：「只要一個多邊形的某 2 個頂點連線，線段跑到多邊形的外面，就是凹多邊形。」

四邊形：直線的關係

最後來看看小哲三人建立的四邊形國吧！討論四邊形之前，先請用尺在紙上隨意畫幾條長長的直線；觀察一下，2條

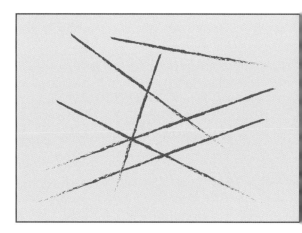

不是完全重疊的直線，會發生什麼事呢？

答案是2種：「**互相接觸（相交）**」或「**永遠碰不到（平行）**」。後者像鐵軌一樣，兩條線總是保持固定距離。或許你看到幾對直線的距離縮短，卻沒相交，但這不是第三種狀況，只是線畫得不夠長。2條直線只要不平行，一定會相交。相交裡最特別的稱為「**垂直**」，是2條直線剛好畫出90度的直角，就像正方形或長方形的角。

看看隨便畫出來的直線中，平行跟相交哪一種關係容易出現。應該是相交對吧！說不定你畫了10條線，都找不出有兩條線是平行的，所以平行是一種很特別的性質，被拿來當作多邊形的分類標準。

先畫一個四邊形，選擇一條邊，它旁邊的兩條邊稱為「鄰邊」，對面是「對邊」。你選的邊一定跟鄰邊相交，跟對邊就有可能平行。

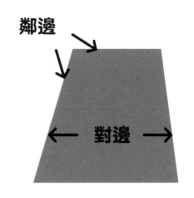

鄰邊

對邊

討論四邊形時，首先會看的就是有沒有「一組（兩條）」平行的對邊。四邊形有兩組對邊，要是兩組對邊都沒有平行，這個四邊形非常普通，我們不會幫它取任何名字。在小哲的四邊形國中，他們被分配到最外緣。

「梯形」是第一個有自己名字的四邊形，就像樓梯一樣，它有一組平行對邊。要是有四邊形兩組對邊都平行，稱為「平行四邊形」。

梯形

1 組對邊平行

平行四邊形

2 組對邊平行

四邊形的分類

「平行四邊形算是梯形嗎？」

這是個很有趣的問題。學校課本規定梯形是「只有」一組平行的對邊，所以平行四邊形不是梯形；但有些人認為「只要」有一組平行對邊就算梯形。從這角度來看，平行四邊形又是梯形的一種。不過先別在意這樣的文字遊戲，繼續看其它分類吧。

菱形跟長方形都是平行四邊形的一種，也都擁有兩組平行的對邊。此外，它們各自還多1個平行四邊形沒有的特質：菱形是4條邊一樣長，長方形是4個角一樣大。它們各自獲得1個正方形的特質。

懂得這些規則後，我們來玩一個小遊戲：找5張卡片，寫下梯形、平行四邊形、菱形、長方形、正方形。將卡片蓋起來，隨便抽兩張，看看有沒有「誰是一種特別的誰」的關係。

正方形是一種特別的長方形

菱形是一種特別的平行四邊形

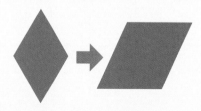

故事裡，小哲和白熊把四邊形國分成好幾區：沒名字的四邊形住在最外層，梯形自己住一區；另一區是平行四邊形，裡面又分菱形區跟長方形區。兩區的交會之處就是正方形區。

這樣的分類好處是，當你發現平行四邊形的某個特質時，菱形、正方形、長方形也都具備這個特質，因為它們都是平行四邊形。比方說：

當我們說：
平行四邊形的 2 個對角 (對面的角)，角度相同。

你就知道：
菱形、長方形、正方形的 2 個對角，角度都相同。

不需要再慢慢、一個個檢驗這幾個形狀的對角關係。一次能搞懂好多形狀，是不是很方便呢！

數感遊戲
平面國國民合體！

　　離開奇妙的平面星後，小哲滔滔不絕的發表感想，他想像點點星、線段星的模樣。我們住在 3 度空間的立體星，那有沒有再多一度的 4 度空間星呢？叮叮則是擔心的想著星球上的居民，三角形、正方形、正五邊形、正六邊形……

　　「他們好可憐喔，只能活在平面上，沒有上下的概念。」叮叮蹲了一下，平常習慣的動作，有了對照後忽然變得珍貴。

　　「我有辦法讓平面星的人感受到上下。」白熊不知道從哪裡拿出一張紙，上面有好多平面星居民，

　　「下次請老師再帶我們去平面星，我們讓居民像這樣排好位置，再幫他們調整角度……」白熊沿著形狀的邊界摺，小哲跟叮叮瞪大眼睛，平面一步步被摺成一顆立體形狀。他指著一上一下的兩片圖形說：「你們看，平面國不再是一個平面，變得像一顆地球啦。」

遊戲道具 請從書末遊戲配件頁自行影印後剪取

❶ 平面國國民展開圖

❷ 美工刀、膠帶

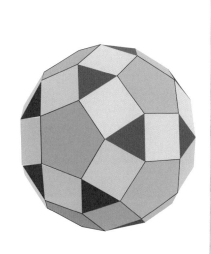

遊戲玩法

❶ 數數看

每 1 張展開圖有幾個
正三角形、正方形、正五邊形。

❷ 找出隱藏國民

如果在展開圖裡畫一條直線，就能找到一個
六邊形，你知道該在哪裡畫嗎？有好幾個地
方喔。（找完後先翻到下一頁看答案）

❸ 平面國國民合體

從遊戲手冊以美工刀割下展
開圖 A 與 B 紙卡，展開圖 A 與
展開圖 B 分別是立體形狀的左
右兩半，並將所有黑線對摺。
摺好後，各種平面形狀之間利
用膠帶黏貼固定。最後根據指
標，將展開圖 A 與展開圖 B 結
合，就完成了一個多面體囉！

數感思考

　　每 1 張展開圖裡一共有 20 個正三角形、30 個正方形和 12 個正五邊形。正六邊形藏在展開圖的哪裡呢？仔細看，每個正五邊形周圍都有好多個正三角形跟正方形，如果讓正方形跟三角形完整繞成一圈，就會變成右邊的圖案，是不是正中間有一個六邊形呢？

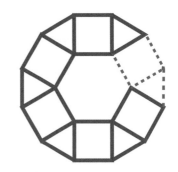

　　確認看看這個圖案是不是正六邊形？圖案的六條邊都跟正方形的邊長一樣長，表示六邊一樣長。圖案角度的部分，找出 1 個六邊形內角、2 個正方形內角（90 度 ×2）、1 個正三角形內角（60 度），拼起來變成一圈時，這幾個角度的總和是 360 度。

　　逆推回來，我們就知道這個六邊形的內角是：360 － 90×2 － 60 ＝ 120 度。

　　正六邊形的內角和是 180×（6 － 2）＝ 720 度、每一個內角是 720÷6 ＝ 120 度。剛好一樣喔。

　　不只如此，如果把圖案拿遠一點看，中間的正六邊形和外圍 6 個正三角形、6 個正方形合起來，你會看見一個更大的十二邊形！你覺得它是正十二邊形嗎？

這個十二邊形的邊長是由正三角形和正方形組成，從圖中可以看見，三個形狀的邊長都一樣長。每個內角都是正方形內角 90 度加上正三角形內角 60 度，所以是 150 度。

　　正十二邊形的內角和是 180×（12 － 2）＝ 1800 度，每一個內角是 1800÷12 ＝ 150 度，所以一模一樣！

　　原來展開圖裡藏了正三角形、正方形、正五邊形、正六邊形、還有正十二邊形。

　　最後，這個立體形狀有 62 個面，摺好後數數看有幾個頂點，或是想想看，能不能找到規律，直接用算的呢？

　　20 個正三角形、30 個正方形和 12 個正五邊形一共有：

20×3＋30×4＋12×5 ＝ 240 個頂點

　　再仔細看，每一個頂點都連著 4 個形狀，換句話說，4 個形狀的頂點會重疊，所以變成立體形狀後，只有 240÷4 ＝ 60 個頂點。

　　因此，摺起來的立體形狀，只有 60 個頂點。數一數很容易搞混，用算的是不是又快又正確呢？

給家長的數感叮嚀

數感小學冒險系列來到第二套了！第一、二套分別對應到的「數」與「形狀」。本集可以說是形狀的開幕式，與學校中年級「角度」、「正方形和長方形」、「垂直與平行」、「四邊形」；部分高年級「三角形與四邊形的性質」相關。

形狀比數字具體的多，生活中也很容易看到。因此在第二套的數感百科裡，我們稍微減少生活數學的比重，更強調數學知識面的討論，希望能利用講解知識的過程，建立小朋友思考方式。

我在大學上數學課時，最喜歡問同學一個問題：

「數學家怎麼想到這個解法？」

知識是死的，解法也能背起來，但思考方式是活的，能應用在不同地方。數學家是思考專家，他們有邏輯，懂得舉一反三、以簡馭繁。跟著數學家學思考，比學習數學知識更有意義。

小朋友或許還無法像大學生那樣直接觀察數學家的思考方式，但我們把思考流程拆解成好幾個問題：

「為什麼數學家要找出這個規律？」

「我們該怎麼找出這個規律？」

「為什麼會有這個規律？」

這樣的拆解過程，可以讓小朋友稍微感受到數學家的思維。

推薦讀物《平面國》

一本好書，不同年齡層的讀者會有不一樣的收穫，《平面國》就是這麼一本經典的數學小說。小朋友讀起來，是一本充滿想像力的故事書。大人讀者可以從中看見許多對社會、對人性的探討與批判。

比方說，它運用多邊形的特質，諷刺當時（維多利亞時代）的封建制度；後半段關於維度的劇情更讓人大開眼界，作者安排球體去造訪平面國的主角正方形。我們同樣活在三度空間，會覺得正方形很愚昧，不論球體怎麼解釋上與下，它都無法想像第三維度的存在。

一直得等到球體帶他去看線段國、點國等更低維度的國家，藉由他人的愚昧，來理解自己的不足。正方形才接受了三度空間的存在。

書中話鋒一轉，正方形反過來問球體「有沒有四度空間的存在」，這話像是跳脫書本，直接問身為讀者的我們：「你覺得有嗎？」

第四個維度完全想像不出來，但如果就此否定，不就跟剛剛不接受三度空間的正方形一樣愚昧了嗎？

因此我們需要數學。數學能幫助我們，就算看不到（或根本不需要看到），也能運用邏輯推理出更高維度的存在。

形狀的規律

讀這集時，你或許感覺到我們一直在「分類」。分類，是數學尋找、解釋規律的結果。各式各樣的形狀，按照邊的數目分成不同多邊形。同樣都是六邊形，一看就知道邊的數目一樣多。還有一個共同點無法很直觀發現，那就是內角和為定值。

我們先用一個小活動，讓小朋友知道三角形內角和是 180 度。再運用這個知識，把多邊形拆成很多個三角形。任意五邊形都會拆成 3 個三角形，所以內角和固定，算出來是 3×180=540 度。這個活動運用到數學思考很重要的一個過程：用已知的知識去推廣、建構更複雜的知識。當我們知道三角形內角和，就可以用它來推理四邊形、五邊形、一路到 N 邊形的內角和。

從這裡，你也可以看見分類的價值，不僅能知道同樣多邊形的共同點（邊數、內角和），還能找出不同多邊形之間的規律（每增加一條邊，內角和增加 180 度）。

規律愈多，愈好掌握

四邊形、梯形、平行四邊形、長方形、正方形，你對這些形狀有什麼感覺呢？

如果考試，你最希望誰出現在考卷上，應該是正方形吧。因為正方形具備了最多的規律：每條邊一樣長，每個角度一樣大。只需要知道一條邊長，就能算出周長、面積。長方形需要同時知道長與寬；平行四邊形算面積還得用上一個不屬於邊的「高」。

規律愈多、愈容易掌握，愈容易只用一或兩個特質，就完全描述整個形狀。我們跟小朋友說數學家愛偷懶，並不是指不做或少做，而是用更省力的方法完成同樣的任務，也就是「以簡馭繁」的能力。學習數學，有很大一部分就是學習找出更有效率的方法。

數感小學冒險系列
套書企劃緣起

國立臺灣師範大學電機工程學系副教授、
數感實驗室共同創辦人／賴以威

我要向所有關心子女數學教育的家長，認真教學的國小老師脫帽致意，你們在做一件相當不容易的事，因為根據許多國際調查，臺灣學生普遍不喜歡數學、對自己的數學能力沒信心，認為數學一點都不實用。這些對數學的負面情意，不僅讓我們教小朋友數學時得不斷「勉強」他們，許多研究也指出，這些負面情意會讓學習效果大打折扣。

我父親是一位熱心數學教育的國小教師，他希望讓大家覺得數學有趣又實用，教育足跡遍布臺灣。父親過世後，我想延續他的理念，從 2011 年開始寫書演講，2016 年與太太珮妤一起成立「數感實驗室」，舉辦一系列給小學生的數學實驗課，其中有一些受到科技部的支持，得以走入學校。我們自己編寫教材，試著用生活、藝術、人文為題材，讓學生看見數學是怎麼出現在各領域，引發他們對數學的興趣，最後，希望他們能學著活用數學（我們在 2018 年舉辦的數感盃青少年寫作競賽，就是提供一個活用舞台）。

「看見數學、喜歡數學、活用數學」。這是我心目中對數感的定義。2 年來，我們遇到許多學生，有本來就很愛數學；也有的是被爸媽強迫過來，聽到數學就反彈。六、七十場活動下來，我最開心的一點是：周末上午 3 小時的數學課，我們從來沒看過一位小朋友打瞌睡，還有好幾次被附近辦活動的團體反應可不可以小聲一點。別忘了，我們上的是數學課，是常常上課 15 分鐘後就有學生被周公抓走的數學課。

可惜的是，我們團隊人力有限，只能讓少數學生參與數學實驗課。於是，我從 30 多份自製教材中挑選出 10 個國小數學主題，它們是小學數學的重點，也是我認為與生活息息相關。並在王文華老師妙手生花的創作下，合作誕生這套《數感小學冒險系列套書》。這套書不僅適合中高年級的同學閱讀。我相信就算是國中生、甚至是身為家長與教師的您，也能從中認識到一些數學新觀念。

本套書的寫作宗旨並非是取代學校的數學課本，而是與課本「互補」，將數學埋藏在趣味的故事劇情中，讓讀者體會數學的樂趣與實用。書的前半段故事讓小讀者看到數學有趣生動的一面；中段的「數感百科」則解釋了故事中的數學觀念，發掘不同數學知識之間的連結，和文史藝術的連結；再來的「數感遊戲」延續數學實驗課動手做的精神，透過遊戲與活動，讓小朋友主動探索數學。最後，更深入的數學討論和故事背後的學習脈絡，則放在書末「給家長的數感叮嚀」，讓家長與老師進一步引導小朋友。

過去幾年來，我們對教育有愈來愈多元的想像，認同知識不該只是背誦或計算，而是真正理解和運用知識的「素養教育」。許多老師和家長紛紛投入，開發了很多優秀的教材、教案。希望這套書能成為它們的一分子，得到更多人的使用，也希望它能做為起點，之後能一起設計出更多體現數學之美的書籍與活動。

王文華✕賴以威的數感對談

用語文力和數學力
破解國小數學之壁

不少孩子怕數學，遇到計算題，沒問題。但是碰上應用題，只要題目文字長些、題型多點轉折，他們就亂了。數學閱讀對某些孩子來說像天王山，爬不上去。賴老師，你說說，這該怎麼辦？

這是個很有趣的現象，我們希望小朋友覺得數學實用（小朋友也是這麼希望），但跟現實連結的應用題，卻常常是小朋友最頭痛的地方。我覺得這可能有兩種原因：

① 實用的數學情境需要跨領域知識，也因此它常落在三不管地帶。
② 有些應用題不夠生活化、也不實用，至少無法讓小朋友產生共鳴。

老師的數學太專業了啦！

原來如此，難怪我和賴老師在合作這套書的過程，也很像在寫一個超級實用又有趣的數學應用題。不過你寫給我的故事大綱，讀起來像考卷，有很多時候我要改寫成故事時，還要不斷反覆的讀，最後才能弄懂。

呵呵，真不好意思，其實每次寫大綱都想著「這次應該有寫得更清楚了」。你真的非常厲害，把故事寫得精彩，就連數學內涵都能轉化得輕鬆自然。我自己也喜歡寫故事，但看完王老師的故事都有種「還是該讓專業的來」的感嘆。

而且賴老師，我跟你說：大人們總是覺得看起來簡單得要命的小學數學，為什麼小孩卻不會？

最大一個原因在於大人忘了他們當年學習的痛苦。

這並不是賴老師太壞心，也不是我數學不好，而是數學學習和文學閱讀各自本來就是不簡單，兩者加起來又是難上加難，可是數學和語文在生活中本來就分不開。再者，寫的人與讀的人之間也是有著觀感落差，往往陷入一種自以為「就是這麼簡單，你怎麼還不懂」的窘境。

小朋友怎麼從一個具象的物體轉換成抽象的數學呢？
→ 當小朋友看到一條魚（具體）
→ 腦中浮現一隻魚的樣子（一半具體）
→ 眼睛看到有人畫了一條魚（一半抽象）
→ 小朋友能夠理解這是一條魚，並且寫出數字 1
大人可以一步到位的 1，對年幼的孩子來講，得一步步建構起來。

還有的老師或家長只一味要求孩子背誦與解題，忽略了學習的樂趣，不斷練習寫考卷。或是題型長一點，孩子就亂算一通。最主要的原因是出在語文能力不足，沒有大量閱讀的基礎，根本無法解決落落長又刁鑽得要命的題型。

以色列理工學院的數學教授阿哈羅尼（Ron Aharoni）提到，一堂數學課應該要有三個過程：從具體出發，畫圖，最後走向抽象。小朋友學習數學的過程非常細微，有很多步驟需要拆解，還要維持興趣。照表操課講完公式定理也是一堂課，但真的要因材施教，好好教會小朋友數學，是一門難度很高的藝術。而且老師也說得沒錯，長題型的題目也需要很好語文理解能力，同時又需要有能力把文字轉譯成數學式子。

確實如此，當我們一直忘記數學就存在生活中，只強調公式背誦與解題策略，讓數學脫離生活，不講道理，孩子自然害怕數學。孩子分披薩，買東西學計算，陪父母去市場，遇到百貨公司打折等。數學如此無所不在，能實實在在跟數量打足交道，最後才把它們變化用數學表達出來。

沒有從事數學推廣前，我也不覺得數學實用、有趣。但這幾年下來，讀了許多科普書、與許多數學學者、老師交流後，我深信數學是非常實用的知識，甚至慢慢具備了如同美感、語感一樣的「數感」。我也希望透過這套作品，想要品味數學的父母與孩子感受到數學那閃閃發亮的光芒，享受它帶來的樂趣。

讓孩子喜歡數學的絕佳解方

臺灣大學電機工程系教授、PaGamO 創辦人／葉丙成

要讓孩子願意學習，最重要的是讓他們覺得學這東西是有用的、有趣的。但很多孩子對數學，往往興趣缺缺。即便數學課本也給了許多生活化例子，卻還是無法提起孩子的學習熱忱。

當我看到文華兄跟以威合作的這套《數感小學冒險系列》，我認為這就是解方！書裡透過幾位孩子主人翁的冒險故事，帶出要讓孩子學習的數學主題。孩子在不知不覺中，隨著主人翁在故事裡遇到的種種挑戰，開始跟主人翁一起算數學。這樣的表現形式，能讓孩子對數學更有興趣、更有感覺！

而且整套書的設計很完整，不是只有故事而已。如果只有故事，孩子可能急著看完冒險故事就結束了，對於數學概念還是沒有學清楚。每本書除了冒險故事外，還有另外對應的數學主題的教學，帶著孩子反思剛才故事中所帶到的數學主題，把整個概念介紹清楚，確保孩子在數學這一部分有掌握這次的主題概念。

更讓我驚豔的，是每本書最後都有一個對應的遊戲。這遊戲可以讓孩子演練剛才所學到的數學主題概念。透過有趣的遊戲，讓孩子可以自發地做練習數學，進而培養孩子的數感。我個人推動遊戲化教育不遺餘力，所以看到《數感小學冒險系列》不是只有冒險故事吸引孩子興趣，還用遊戲化來提昇孩子練習的動機。我真心覺得這套書，有機會讓更多孩子喜歡數學！

用文學腦帶動數學腦，
幫孩子先準備不足的先備經驗

彰化原斗國小教師／林怡辰

數學，是一種精準思考的語言，但長期在國小高年級第一教學現場，常發現許多孩子不得其門而入，眉頭深鎖、焦慮恐懼。如果您的孩子也是這樣，那千萬別錯過「數感小學冒險系列」。

由小朋友最愛的王文華老師用有趣濃厚的故事開始，故事因為主角而有生命和情境，再由數感天王賴以威老師在生活中發掘數學，連結生活，發現其實生活處處都是數學，讓我們系統思考、解決問題，再引入教具，光想就血脈賁張。眼前浮現一個個因為太害怕而當機的孩子，看著冰冷數字和題目就逃避的臉孔。喔！迫不及待想介紹他們這套書！

專對中高年級設計，專對孩子最困難的部分，包括國小數學的大數字進位、時間、單位、小數、比與比例、平面、面積和圓、對稱、立體與展開，不但補足了小學數學課程科普書的缺乏，更可貴的是不迴避正面迎擊孩子最痛苦的高階單元。讓喜歡文學的孩子，在閱讀中，連結生活經驗，增加體驗和注意，發現數學處處都是，最後，不害怕、來思考。

常接到許多家長來信詢問，怎麼在學校之餘有系統幫助孩子發展數學運思，以往，我很難有一個具體的答案。現在，一起閱讀這套書、思考這套書、操作這套書，是我現在最好的答案。

從 STEAM 通向「數感」大門！

臺南師範大學附設小學教師／溫美玉

閱讀《數感小學冒險系列》就像進入「旋轉門」，你能想像門一打開，數學會帶你到哪些多變的領域嗎？

數學形象大翻身

相信大部分孩子對數學的印象，都跟這套書的主角小哲剛開始一樣吧？認為數學既困難又無趣，但我相信當讀者閱讀本書，跟著小哲進入「不可思『億』巧克力工廠」、加入「宇宙無敵數學社」後，會慢慢對數學改觀。為什麼呢？因為這本書蘊含「數感」這份寶藏！「數感」讓數學擺脫單純數字間的演練、習題練習，它彷彿翻身被賦予了生命，能在生活、藝術、科學、歷史中處處體會！

未來教育 5 大元素，「數感」一把抓

以下列舉《數感小學冒險系列》的五大特色：

①「校園故事」串起 3 人冒險

有故事情節、個性分明的角色，讓故事貼近孩子的生活。

②「實物案例」數學也能在日常生活中刷存在感

許多生活中理所當然的日常用品，都藏有數學的原則。像是鞋子尺寸（單位）、腳踏車前後齒輪轉動（比與比例）等，從中我們會發現人生道路上，數學是你隨時可能撞見的好朋友。

③「創意謎題」點燃孩子求知心

故事中的神祕角色鳳凰露露老師設計了許多任務情境，當中巧妙融入數學概念的精神。藉由解謎過程，能激發孩子對數學概念的思考。

④「數感百科」起源 / 原理 / 應用一把罩

從歷史、藝術、工程、科學、數學原理等層面總結概念，推翻數學只是「寫寫算算」的刻板印象。

⑤「數感遊戲」動手玩數學

最後，每單元都附有讓孩子實際操作的遊戲，讓數學理解不再限於寫練習題！

STEAM 的最佳代言人！

STEAM 是目前國外最夯的教育趨勢，分別含括以下層面：
科學（Science）、科技（Technology）、工程（Engineering）、藝術（Art）以及數學（Mathematics）。但學校的數學課本礙於篇幅，無法將每個數學概念的起源、應用都清楚羅列，使孩子在暖身不足的情況下就得馬上跳入火坑解題，也難怪他們對數學的印象只有滿山滿谷的數字符號及習題。

若要透澈一個概念的發展歷程、概念演進、生活案例，必須查很多

資料、耗很多時間，幸虧《數感小學冒險系列》這本「數學救星」出現，把 STEAM 五層面都萃取出來，絕對適合老師 / 家長帶領高年級孩子共讀（中、低年級有些概念太難，師長可以介入引導）。以下舉一些書中的例子：

① **科學** Science
「時間」單元的地球自轉、公轉概念。

② **科技** Technology
科技精神涵蓋書中，可以帶著孩子上網連結。

③ **工程** Engineering
「比與比例」單元的腳踏車齒輪原理。

④ **藝術** Art
「比與比例」單元的伊斯蘭窗花、黃金螺旋。

⑤ **數學** Mathematics
為本書的主體重點，包含故事中的謎題任務及各單元末的「數感白科」。

你發現了什麼？畢竟是實體書，因此書中較少提到「科技」層面，我認為這時老師 / 家長可以進行的協助是：

指導他們以「Google 搜尋 / Google 地圖」自主活用科技資源，查詢更多補充資料，比如說在「單位」單元，可以進行特定類型物件的重量 / 長度比較（查詢「大型動物的體重」，並用同一單位比較、排行）；長度 / 面積單位也可以活用 Google 地圖，感受熟悉地點間的距離關係。如此一來，讓數學不再單單只是數學，還能從中跨越科目進入自然、社會、資訊場域，這套書對於 STEAM 或素養教學入門，必定是妙用無窮的工具書。

增加「數學感覺」也是我平常上數學課時的重點，除了照著課本題目教以外，我也會時時在進入課程前期、中期進行提問（例如：「為什麼人類需要小數？它跟整數有什麼不同？可以解決生活中的什麼事情？」）。在本書的應用上，可以結合這樣的提問，讓孩子先自己預測，再從書中找答案，最後向師長說明或記錄的評量方式，他們便能印象更鮮明。總而言之，我認為比起計算能力的培養，「數感」才是化解數學噩夢的治本法門，有了正向的「數學感覺」，才有可能點亮孩子對數學（甚至是自然、社會、資訊等）的喜愛，快用《數感小學冒險系列》消弭孩子對數學科的恐懼吧！

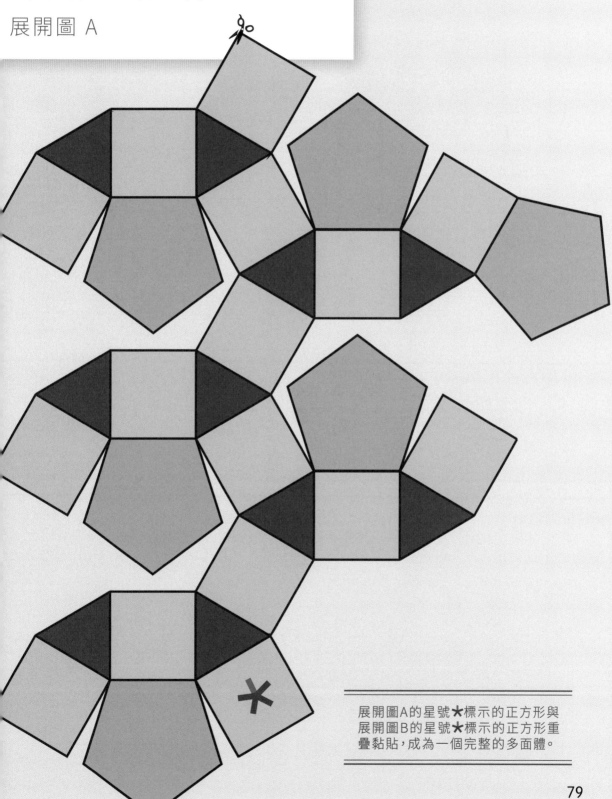

展開圖A的星號★標示的正方形與
展開圖B的星號★標示的正方形重
疊黏貼，成為一個完整的多面體。

展開圖A的星號★標示的正方形與
展開圖B的星號★標示的正方形重
疊黏貼，成為一個完整的多面體。

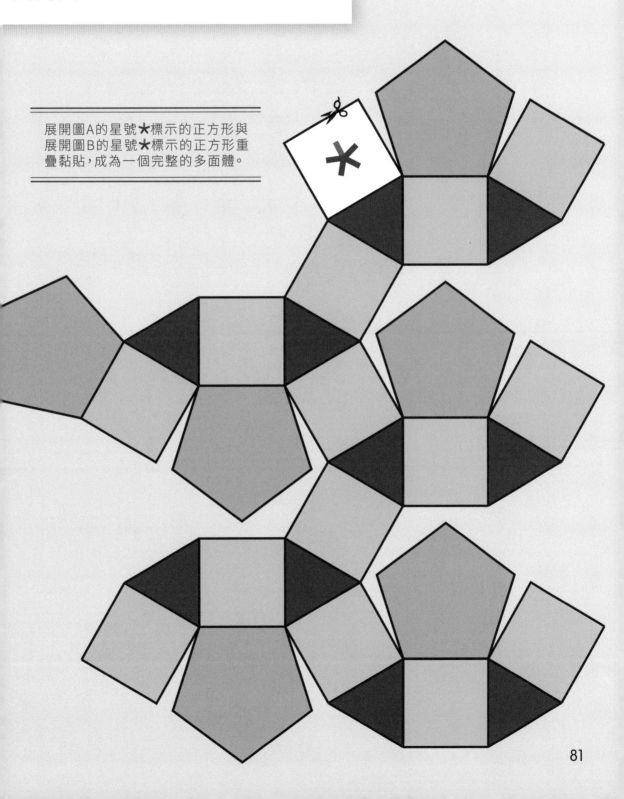

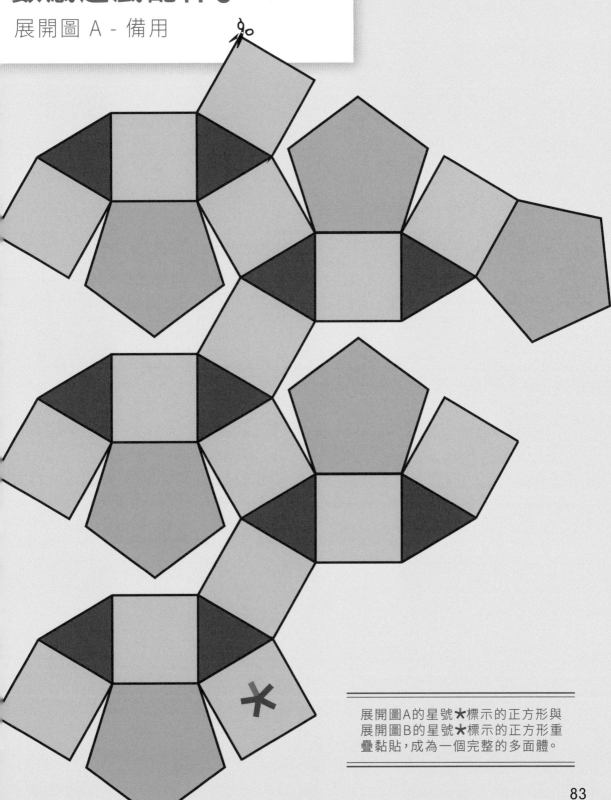

展開圖A的星號★標示的正方形與
展開圖B的星號★標示的正方形重
疊黏貼，成為一個完整的多面體。

數感小學冒險系列

數感遊戲配件4

展開圖 B - 備用

展開圖A的星號★標示的正方形與
展開圖B的星號★標示的正方形重
疊黏貼，成為一個完整的多面體。

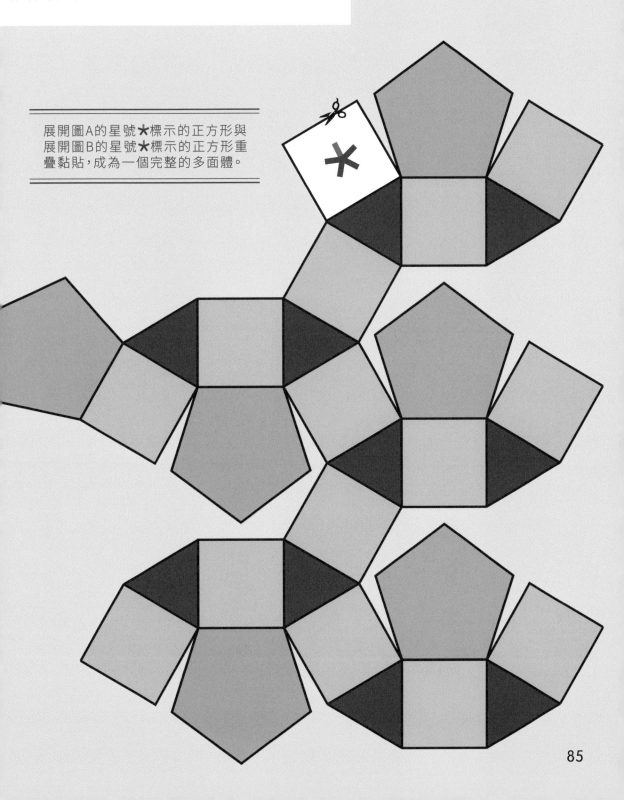

●● 知識讀本館

作者	王文華、賴以威
繪者	黃哲宏、楊容
照片提供	Shutterstock、維基百科
責任編輯	呂育修
特約編輯	高凌華
美術設計	洋蔥設計
行銷企劃	陳詩茵
發行人	殷允芃
創辦人/執行長	何琦瑜
副總經理	林彥傑
總監	林欣靜
版權專員	何晨瑋、黃微真
出版者	親子天下股份有限公司
地址	台北市 104 建國北路一段 96 號 4 樓
電話	(02) 2509-2800
傳真	(02) 2509-2462
網址	www.parenting.com.tw
讀者服務專線	(02) 2662-0332　週一～週五：09:00 ～ 17:30
讀者服務傳真	(02) 2662-6048
客服信箱	bill@cw.com.tw
法律顧問	台英國際商務法律事務所 • 羅明通律師
製版印刷	中原造像股份有限公司
總經銷	大和圖書有限公司 (02) 8990-2588
出版日期	2021 年 8 月第二版第一次印行
定價	300 元
書號	BKKKC178P
ISBN	978-626-305-040-2 (平裝)

訂購服務

親子天下 Shopping　shopping.parenting.com.tw
海外 • 大量訂購　parenting@service.cw.com.tw
書香花園　台北市建國北路二段 6 巷 11 號　(02) 2506-1635
劃撥帳號　50331356 親子天下股份有限公司

國家圖書館出版品預行編目 (CIP) 資料

平面星大冒險 / 王文華, 賴以威作; 黃哲宏, 楊容繪.
　-- 第二版. -- 臺北市: 親子天下股份有限公司,
2021.08
　面;　公分. -- (數感小學冒險系列; 7)

ISBN 978-626-305-040-2(平裝)

1. 數學教育 2. 小學教學

523.32　　　　　　　　　　　　　110010185

立即購買 >

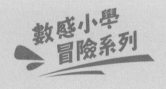

7 平面星
大冒險